Pequeno oratório de Santa Clara

Romance de Santa Cecília

Oratório de Santa Maria Egipcíaca

CECÍLIA MEIRELES

Pequeno oratório de Santa Clara

Romance de Santa Cecília

Oratório de Santa Maria Egipcíaca

Apresentação
Ricardo Vieira Lima

Coordenação Editorial
André Seffrin

São Paulo
2014

© Condomínio dos Proprietários dos Direitos Intelectuais de Cecília Meireles
Direitos cedidos por Solombra – Agência Literária (solombra@solombra.org)

1ª Edição, Global Editora, São Paulo 2014

* JEFFERSON L. ALVES
  Diretor Editorial

* GUSTAVO HENRIQUE TUNA
  Editor Assistente

* ANDRÉ SEFFRIN
  Coordenação Editorial,
  Estabelecimento de Texto,
  Cronologia e Bibliografia

* FLÁVIO SAMUEL
  Gerente de Produção

* FLAVIA BAGGIO
  Assistente Editorial

* ESTHER O. ALCÂNTARA
  Revisão

* ANA DOBÓN
  Capa

* EVELYN RODRIGUES DO PRADO
  Projeto Gráfico

A Global Editora agradece à Solombra – Agência Literária pela gentil cessão dos direitos de imagem de Cecília Meireles.

CIP-BRASIL. Catalogação na fonte
Sindicato Nacional dos Editores de Livros, RJ

M453p

Meireles, Cecília, 1901-1964
   Pequeno oratório de Santa Clara, Romance de Santa Cecília, Oratório de Santa Maria Egipcíaca / Cecília Meireles ; coordenação André Seffrin. – 1.ed. – São Paulo : Global, 2014.

ISBN 978-85-260-2009-2

1. Poesia brasileira. I. Seffrin, André. II. Título.

14-09115
CDD: 869.91
CDU: 821.134.3(81)-1

Direitos Reservados

GLOBAL EDITORA E
DISTRIBUIDORA LTDA.

Rua Pirapitingui, 111 – Liberdade
CEP 01508-020 – São Paulo – SP
Tel.: (11) 3277-7999 – Fax: (11) 3277-8141
e-mail: global@globaleditora.com.br
www.globaleditora.com.br

Obra atualizada
conforme o
Novo Acordo
Ortográfico da
Língua
Portuguesa

Colabore com a produção científica e cultural.
Proibida a reprodução total ou parcial desta obra sem a autorização do editor.

Nº de Catálogo: **3571**

Acervo pessoal de Cecília Meireles

Sumário

Trilogia das Santas: a hagiografia poética de Cecília Meireles –
RICARDO VIEIRA LIMA 11

Pequeno oratório de Santa Clara 25
Serenata...27
Convite...29
Eco...31
Clara..33
Fuga...35
Perseguição..37
Volta..39
Vida...41
Milagre..43
Fim..45
Voz..47
Luz..49
Glória..51

Romance de Santa Cecília 53

Oratório de Santa Maria Egipcíaca 61
Prefácio à 1ª edição..63
I. Cenário de Alexandria...69
II. Cenário de Alexandria..79
III. Cenário de Jerusalém...83
IV. Cenário do deserto...87
V. Cenário do deserto..89
VI. Cenário do deserto...91
VII. Cenário do deserto..95

Cronologia 97

Bibliografia básica sobre Cecília Meireles...................................105

Índice de primeiros versos..115

Pequeno oratório de Santa Clara

Romance de Santa Cecília

Oratório de Santa Maria Egipcíaca

Trilogia das Santas: a hagiografia poética de Cecília Meireles

Lirismo e religiosidade

Associada, com frequência, ao grupo de escritores católicos que se formou em torno da revista *Festa* – publicada inicialmente no Rio de Janeiro, de outubro de 1927 a setembro de 1928, com uma segunda série entre julho de 1934 e agosto de 1935 –, Cecília Meireles dele se distingue, sobretudo, em virtude do caráter ecumênico de sua poesia. Com efeito, no caso da atuação dos poetas Tasso da Silveira, Murillo Araujo e Gilka Machado (integrantes do Grupo Festa), bem como, num segundo e mais rico momento, de Augusto Frederico Schmidt, Murilo Mendes, Jorge de Lima e do primeiro Vinicius de Moraes, ou seja, da primeira fase do poeta, buscou-se a modernização do catolicismo latino--americano, a renovação da literatura cristã e a restauração da poesia em Cristo, ao passo que a autora de *Viagem* (1939) optou por realizar suas atividades intelectuais de forma menos engajada e pouco ortodoxa.

As razões dessa escolha estão presentes na história de vida da própria Cecília, que na infância conviveu de perto com a morte, pois, antes mesmo de ela nascer, o pai e os irmãos já haviam falecido e, aos três anos de idade, Cecília também perdeu sua mãe.

Os reveses familiares, no entanto, fizeram com que a poeta caísse nos braços daquela que seria a maior responsável pela sua formação moral, religiosa e intelectual: Jacintha

Garcia Benevides, a avó materna nascida na Ilha de São Miguel, nos Açores, que criou e educou a menina.

Em entrevista ao escritor Pedro Bloch, concedida em maio de 1964 – portanto, quatro meses antes de sua morte –, Cecília revelou: "Vovó era uma criatura extraordinária. Extremamente religiosa, rezava todos os dias. [...] A dignidade, a elevação espiritual de minha avó influíram muito na minha maneira de sentir os seres e a vida."[1] Foi Jacintha, também, quem chamou a atenção de Cecília para a importância de exercitar a tolerância religiosa e apresentou à menina o universo cultural de países como Portugal e Índia.

Isso explica a paixão da poeta pelas mais diversas formas de cultura – mormente aquelas de cunho espiritualista –, motivando-a a traduzir a poesia do Prêmio Nobel de Literatura (1913), o indiano Rabindranath Tagore, a viajar pelo mundo e a escrever um ensaio e uma elegia sobre Gandhi, além de livros como *Doze noturnos da Holanda & O Aeronauta* (1952), *Poemas escritos na Índia* (1961), *Poemas italianos* (1968), *Eternidade de Israel* (1959), e a obra-prima *Romanceiro da Inconfidência* (1953), poema épico que narra um dos episódios históricos mais importantes do Brasil, mas que também tem suas raízes no romance popular ibérico e no Canto do Servo Sofredor, escrito pelo Profeta Isaías acerca de Jesus de Nazaré (Isaías, 52-53).

Crise espiritual

Por outro lado, não podemos nos esquecer de que Cecília Meireles estreou como poeta no fim da década de 1910, em meio à grande crise espiritual gerada pelo cientifi-

---

[1] BLOCH, Pedro. Cecília Meireles. In: _____. *Pedro Bloch*: entrevista. Rio de Janeiro: Bloch Editores, 1989, p. 32-33.

cismo positivista, surgido a partir de meados do século XIX, por força da teoria evolucionista de Charles Darwin. Resultante do conflito entre os valores espiritualistas da tradição cristã e o materialismo científico, a lírica ceciliana busca o mistério do Absoluto, mas, em diversos momentos, parece não ter certeza de sua existência:

> Ah! mundo vegetal, nós, humanos, choramos
> só da incerteza da ressurreição.[2]

Ou, na melhor das hipóteses, não crê que seja possível alcançá-lo:

> Qual será o meu destino verdadeiro?
> De onde vem nossa morte? e que sentido
> tem o desejo de suster a vida?[3]
>
> [...]
>
> Que lírico arquiteto arma longos compassos
> para a curva celeste a que os homens se negam?
> Dizei-me onde é que estais, em que frágil crepúsculo![4]

Como se vê, essa dúvida atravessa toda a obra poética da autora, já que *Viagem* (1939) é seu quarto livro de poemas e o primeiro da sua maturidade lírica, enquanto *Solombra* (1963) é a síntese desse amadurecimento e sua última obra publicada em vida.[5]

---

[2] MEIRELES, Cecília. Epigrama nº 3. In: _____. *Viagem*. São Paulo: Global Editora, 2012, p. 39.

[3] Idem. [Uma vida cantada me rodeia.]. In: _____. *Solombra*. São Paulo: Global Editora, 2013, p. 65.

[4] Idem. [Dizei-me vosso nome! Acendei vossa ausência!]. In: Ibidem, p. 67.

[5] Cecília ainda publicaria sua *Antologia poética* (1963), o livro infantojuvenil *Ou isto ou aquilo* (1964) e o livro de crônicas *Escolha o seu sonho* (1964), mas *Solombra*, de fato, é o último livro de poemas "adultos" e inéditos lançado pela autora.

"A noção ou sentimento da transitoriedade de tudo é o fundamento mesmo da minha personalidade",[6] afirmaria a poeta durante entrevista concedida ao escritor Fagundes de Menezes, em outubro de 1953.

Cecília Meireles e o *Flos Sanctorum*

Nelly Novaes Coelho observou, com agudeza, que "Cecília Meireles, desde suas primeiras manifestações poéticas, foi atraída para a problemática ético-religiosa-existencial que caracterizou a poesia finissecular na linha decadentista: aquela que dá voz a um homem necessitado de Deus, buscando-o desesperadamente mas sem encontrar os caminhos para chegar a Ele".[7] Nesse sentido, a autora de *Vaga música* (1942) poderia fazer suas as palavras do filósofo Miguel de Unamuno: "Pior que a morte da fé, só a morte da dúvida".

Por isso mesmo, não deixa de ser curioso o interesse precoce da poeta pelas biografias dos santos católicos. Acreditamos que isso se deva, provavelmente, a mais uma das influências recebidas da avó Jacintha. O fato é que Cecília, nascida em 7 de novembro – dia de São Florêncio –, confessava-se "[...] uma enamorada do *Flos Sanctorum*",[8] essa "[...] região de transfigurados, aprazível de percorrer, com seus

---

[6] MEIRELES, Cecília apud PEREZ, Renard. *Escritores brasileiros contemporâneos – 2ª série*. Rio de Janeiro: Civilização Brasileira, 1971, p. 54.

[7] COELHO, Nelly Novaes. O eterno instante na poesia de Cecília Meireles. In: _____. *A literatura feminina no Brasil contemporâneo*. São Paulo: Siciliano, 1993, p. 36.

[8] MEIRELES, Cecília. Prefácio à 1ª edição. In: _____. *Pequeno oratório de Santa Clara, Romance de Santa Cecília, Oratório de Santa Maria Egipcíaca*. São Paulo: Global Editora, 2014, p. 63.

inumeráveis exemplos de esperança".[9]

Ainda na adolescência, sonhou compor um oratório para o apóstolo São Paulo. Devido a esse desejo, chegou a estudar música clássica em um conservatório carioca, mas, diante da importância histórico-religiosa do personagem e das responsabilidades que teria de assumir, desistiu da ideia. Não obstante, ao longo de sua obra poética há numerosos registros e referências aos santos católicos. Em *Morena, pena de amor*, por exemplo, livro escrito em 1939, mas publicado somente em 1973, Cecília diz:

> O meu dia – terça-feira.
> O meu santo – São Florêncio.
> Minha alma – luz prisioneira
> numa rosa de silêncio.[10]

O volume em questão traz, ainda, poemas nos quais são mencionados, expressamente, São Pedro, São Jorge e Santa Maria.

Mas é na década de 1950 que a relação da poeta com os santos católicos torna-se mais intensa, seja em poemas dispersos, como nos casos de "São Jerônimo. Santa Bárbara Virgem...", escrito em 1953, e "Santo Humberto", de 1957, seja em poemas que integram determinados livros da autora, a exemplo de "Ah! Santa Maria...", escrito entre 1953 e 1956,

---

[9] Idem, Ibidem, p. 63. [O *Flos Sanctorum* é um documento do século XIV, de caráter hagiográfico, cujo cerne narrativo discorre sobre a vida e os feitos de diversos santos e mártires dos primeiros séculos de difusão do cristianismo na Alta Idade Média, e que servia como suporte ao trabalho de doutrinação religiosa efetuado pela Igreja Católica Apostólica Romana (v. LOPES FILHO, Américo Venâncio Machado. *Um Flos Sanctorum trecentista em português*. Brasília: EDU-UnB, 2009).]

[10] Idem. [Poema 3]. *Morena, pena de amor*. In: _____. *Poesia completa*. Org. Antonio Carlos Secchin. Rio de Janeiro: Nova Fronteira, 2001, v. 1, p. 172.

15

pertencente ao volume bilíngue *Poemas italianos*, e do "Romance IX ou De vira-e-sai", que fala de Santa Ifigênia e faz parte do *Romanceiro da Inconfidência*.

Trilogia das Santas: Clara, Cecília e Maria Egipcíaca

O enamoramento confesso de Cecília Meireles com o *Flos Sanctorum* tem seu ápice na elaboração, durante um curto período de apenas dois anos – mais precisamente, entre 1955 e 1957 –, do que chamamos de Trilogia das Santas, uma hagiografia poética constituída pelos livros *Pequeno oratório de Santa Clara*, *Romance de Santa Cecília* e *Oratório de Santa Maria Egipcíaca*. Os dois primeiros foram editados, respectivamente, em 1955 e 1957. Já o volume que encerra a trilogia, apesar de escrito também em 1957, somente apareceria em livro no ano de 1996.

No início de sua trajetória poética, Cecília sofreu forte influência da Bíblia, da Escola Parnasiana e da poesia mística espanhola, representada por Santa Teresa d'Ávila e São João da Cruz. Em *Espectros* (1919), obra de estreia logo renegada pela autora, mas resgatada de um desaparecimento de mais de oitenta anos graças ao notável trabalho de pesquisa empreendido pelo poeta, crítico e bibliófilo Antonio Carlos Secchin, há diversos poemas que tematizam personagens e lugares bíblicos (v. "A Belém!", "Herodíada" ou "Sansão e Dalila"). O livro seguinte, *Nunca mais... e Poema dos poemas* (1923), dialoga constantemente com o Eclesiastes e o Cântico dos Cânticos. Nessa fase, a lírica ceciliana evolui para uma estética neossimbolista, buscando uma modernidade que só seria plenamente alcançada no fim da década de 1930, com o aparecimento de *Viagem*.

Portanto, quando começa a publicar seus poemas hagiográficos, Cecília Meireles já havia conquistado, definitivamente, uma voz lírica madura e inconfundível, ombreando com poetas da estirpe de Manuel Bandeira, Carlos Drummond de Andrade, Jorge de Lima, Murilo Mendes e Dante Milano. Não por acaso, o crítico português João Gaspar Simões tinha Cecília na mais alta conta, considerando-a "talvez a melhor poetisa de língua portuguesa".[11] E com a vantagem de pertencer à melhor tradição pós-simbolista internacional, da qual fizeram parte poetas como Yeats, Rilke, Blok, Valéry, Eliot, García Lorca, Juan Ramón Jiménez e, em Portugal, Fernando Pessoa e Mário de Sá-Carneiro.

Pequeno oratório de Santa Clara

Lusitana também foi a origem do *Pequeno oratório de Santa Clara*. Em 1954, Frei Armindo Augusto publicou, em Lisboa, o livro *Em louvor de Santa Clara*, como parte das comemorações em torno do sétimo centenário de morte da religiosa, ocorrido no ano anterior. A edição era uma homenagem das literaturas portuguesa e brasileira à santa que dedicou sua vida aos pobres. Os brasileiros Cecília Meireles e Manuel Bandeira aderiram ao projeto.[12] Bandeira participou com o poema "Oração para os aviadores", atribuindo, equivocadamente, à Santa Clara o poder de proteger os pilotos, esquecendo-se do verdadeiro santo oficial padroeiro da

---

[11] SIMÕES, João Gaspar apud BANDEIRA, Manuel. *Apresentação da poesia brasileira*. São Paulo: Cosac Naify, 2009, p. 184.

[12] Além de Bandeira e Cecília, compositores como Jorge Ben Jor ("Santa Clara clareou", 1981) e Caetano Veloso ("Santa Clara, padroeira da televisão", 1992) também já homenagearam a santa.

aviação: São José de Cupertino.[13] Já Cecília compôs, para a ocasião, o seu *Pequeno oratório*, que na edição portuguesa recebeu o título de *Recitativo*. O oratório ou cantata é uma composição musical cantada e de cunho narrativo.

A primeira edição brasileira do *Pequeno oratório de Santa Clara* foi artesanal, com uma tiragem de apenas 320 exemplares. O poema de Cecília conta – ou melhor, canta – a vida da santa, jovem rica que, no ano de 1212 d.c., abdicou de sua herança para seguir os passos de São Francisco, fundando, assim, o ramo feminino da Ordem Franciscana, também chamado de Ordem das Irmãs Clarissas ou Ordem das Damas Pobres.

No *Pequeno oratório*, o metro quase sempre usado é o verso popular tradicional português de sete sílabas (redondilha maior). O poema é formado por 13 estrofes, e, até a 12ª, todas apresentam exatamente 18 versos. Somente a última estrofe do oratório é diferente: são 22 versos em bloco. Um verso final, isolado, encerra o texto.

A morte, que em geral é abordada pela autora sob uma perspectiva mística, mas ao mesmo tempo de forma melancólica e desoladora, desta vez é celebrada com alegria e esperança:

---

[13] A nomeação de Santa Clara como padroeira da aviação parece ter origem no fato de a santa sempre ter sido associada ao verbo *clarear*. Entretanto, de acordo com a tradição, Santa Clara teria sido assim batizada em virtude da grande religiosidade de sua mãe, que, num momento de inspiração divina, soube que teria uma filha que iluminaria o mundo. Conta-se, ainda, que um ano antes de sua morte, Santa Clara já estava muito doente e, por esse motivo, não pôde participar da celebração da eucaristia. Mas, devido ao poder de sua fé, teve uma visão completa do ritual, assistindo à missa sem precisar sair do leito. Esse milagre levou o Papa Pio XII, em 14 de fevereiro de 1958, a proclamar Santa Clara padroeira da televisão.

Já passaram quarenta anos:
e hoje a morte se avizinha.
(Tão doente o corpo!
A alma, tão festiva!
Os grandes olhos abertos
uma lágrima sustinham:
não se perdesse no mundo
o seu sonho de menina!)[14]

Romance de Santa Cecília

A exemplo do *Pequeno oratório*, o *Romance de Santa Cecília* também teve tiragem artesanal, porém ainda menor – somente duzentos exemplares.

Em português, o vocábulo "romance", ou "rimance", designa uma composição poética tipicamente espanhola, de origem popular e, não raro, de autoria anônima, com temática lírica e/ou histórica. Geralmente composto em versos de sete ou oito sílabas, o romance guarda semelhanças com as baladas medievais, transmitidas oralmente, e em conjunto constitui o chamado "romanceiro", que inclui sua compilação em livro, integral ou em forma de antologia. Na Espanha e em Portugal, o gênero ficou conhecido como *Romanceiro Ibérico*, e, ao longo dos séculos XIX e XX, influenciou vários poetas brasileiros, entre eles a autora do *Romanceiro da Inconfidência*.

Pouco se sabe sobre a vida de Santa Cecília, eleita padroeira dos músicos porque, no momento de sua morte, teria cantado para Deus. É provável que tenha sido martirizada entre 176 e 180 d.C., sob o império de Marco Auré-

---

[14] MEIRELES, Cecília. Fim. In: _____. *Pequeno oratório de Santa Clara, Romance de Santa Cecília, Oratório de Santa Maria Egipcíaca*. São Paulo: Global Editora, 2014, p. 45.

lio. Escavações arqueológicas comprovaram a existência da santa cristã, que teve sua história registrada no século V, na narrativa *Paixão de Santa Cecília*. Desde o século XV a santa é considerada padroeira da música sacra, e sua festa é celebrada no dia 22 de novembro, Dia da Música e dos Músicos. Compositores eruditos e populares, como Händel, Purcell, Brian Eno e David Byrne, homenagearam a religiosa, além de diversos poetas, a exemplo de John Dryden, Alexander Pope e W. H. Auden.

A bela *hommage* ceciliana, estruturada em 15 estrofes de 8, 10, 12, 14 e 18 versos, adotou o tradicional octossílabo ibérico, conferindo assim um ritmo duro e áspero ao poema, quebrado, no entanto, pelo uso exemplar da acentuação irregular interna – procedimento comum aos modernistas e incorporado pela poeta –, bem como da rima toante, aproximando Cecília a um dos maiores nomes da poesia brasileira – o pernambucano João Cabral de Melo Neto.

Esses recursos, utilizados com mestria pela autora, permitiram-na compor esta que, apesar de sua beleza pungente, é uma das estrofes (no caso, em forma de soneto) mais cruéis da poesia de língua portuguesa, notadamente em razão de sua pormenorizada descrição:

> Fora de família patrícia
> e ali seu destino encerrava.
> Ao primeiro golpe, caída,
> na sua santidade calma,
> torce a cabeça e entrega a nuca
> para ser logo degolada.
> Ao segundo golpe, uma fina
> fita de sangue se desata.
> Mas nem mesmo o terceiro golpe
> a cabeça ao corpo separa.

Porque um anjo lhe ampara a testa,
o segundo os ombros lhe ampara,
e o terceiro detém o sangue
que um colar de rubis ensarta.[15]

Mas, como no livro anterior, a morte aqui também é
festa:

... E não sabe se é vida ou sonho
ou morte, essa bruma compacta,
e repete a lição de Cristo,
e em fé seu coração exalta,
e vê que a névoa se dispersa,
e que brilha uma luz mais vasta,
fonte aberta no céu ferido
pelos três golpes de uma adaga.[16]

Oratório de Santa Maria Egipcíaca

A Trilogia das Santas se encerra com a publicação
póstuma do *Oratório de Santa Maria Egipcíaca*.
Escrito no mesmo ano do lançamento do *Romance
de Santa Cecília*, mas tendo permanecido inédito durante
39 anos, o *Oratório*, espécie de poema coral, base provável
para uma partitura, de fato composta em 1959 pelo com-
positor alemão Ernst Widmer, apresenta a história de Maria
Egipcíaca, conhecida como "a pecadora", mulher que, após
toda uma vida de luxúria e devassidão na cidade de Alexan-
dria, parte em peregrinação expiatória até Jerusalém e, no
meio do caminho, paga a travessia com seu próprio corpo.

Essa hagiografia, cuja versão mais popular é a da *Lé-
gende dorée*, de Jacques de Voragine, escrita em plena Idade

---

[15] Idem. Romance de Santa Cecília. In: Ibidem, p. 59.
[16] Idem, Ibidem, p. 58.

Média, inspirou, antes de Cecília, outros dois grandes escritores modernistas: Manuel Bandeira, com a sua "Balada de Santa Maria Egipcíaca" (1924), e Rachel de Queiroz, que, em 1958, publicou a peça teatral *A beata Maria do Egito,* transposição para o ambiente nordestino da lenda medieval. O *Oratório de Santa Maria Egipcíaca* é um texto intermediário entre o poema de Bandeira e a peça de Rachel, como bem salientou, na introdução da 1ª edição, o poeta e ensaísta Alexei Bueno.[17] Não possui a intensa carga de erotismo religioso da balada bandeiriana nem o frescor regionalista que emana do drama de Rachel; contudo, seu principal mérito reside no fato de Cecília, através das falas da futura pecadora arrependida de Alexandria, isto é, por intermédio do eu-lírico do poema, ter podido, ainda que de forma velada, antecipar certos temas que só seriam melhor discutidos e compreendidos durante a segunda onda do movimento feminista mundial (ocorrida nas décadas de 1960 e 1970), tais como a emancipação da mulher, o direito ao prazer e à liberdade sexual:

> *Fala* Sou rio, serpente,
> corro para onde quero, sozinha,
>
> *Canta* para longe corro.
> Sou perfume de óleo fervente,
> ervas, flor, semente
> em viva brasa.
> Do meu fogo morro.
>
> [...]
>
> *Canta* Sinto-me rosa, nácar, marfim.

---

[17] BUENO, Alexei. Introdução. In: _____. *Oratório de Santa Maria Egipcíaca.* Rio de Janeiro: Nova Fronteira, 1996, p. 16.

> Que jarra se compara às curvas redondas
> do meu flanco,
> dourado e branco...?
>
> [...]
>
> *Fala*   Meu corpo é a minha sabedoria,
> meu rito é o tempo que se goza
> [...]
> Meu nome é a ardente alegria.[18]

Como se trata de um poema coral, o contraponto à fala de Maria do Egito é a fala da Voz Mística, que no *Oratório* é a fala da repressão ao voluptuoso estilo de vida da pecadora de Alexandria. Mas, para Cecília Meireles, "A 'voz' que no poema parece uma advertência divina pode ser o seu [de Maria Egipcíaca] próprio instinto de santidade em luta com circunstâncias que lhe impõem um comportamento contraditório".[19]

Desse modo, a poeta demonstra imensa compaixão pela jovem Maria Egipcíaca: entende o fato de ela haver levado, na adolescência, uma vida impura – "que um estudo da época e do lugar ajudaria a compreender"[20] –, e ressalta que, quando se converteu, Maria acordou por si mesma, "[...] por sentir seus passos pesados e sua voz indigna".[21]

Três santas. Três poemas. Uma trilogia. Em sua *santíssima trindade*, Cecília troca a dúvida pela fé. O eu-lírico,

---

[18] MEIRELES, Cecília. *Pequeno oratório de Santa Clara, Romance de Santa Cecília, Oratório de Santa Maria Egipcíaca*. São Paulo: Global Editora, 2014, p. 69, 72 e 76.

[19] Idem. Prefácio à 1ª edição. In: Ibidem, p. 64.

[20] Idem, Ibidem, p. 64.

[21] Idem, Ibidem, p. 64.

nesse conjunto de textos, não busca mais Deus, porque sabe que "o que há de eterno em nós se põe em comunicação com essa eternidade".[22]

Aurélio Buarque de Holanda Ferreira define a poesia como "entusiasmo criador; inspiração".[23] *Entusiasmo* vem do grego *en-théos*, e significa, literalmente: "Ter Deus dentro de si". Já o vocábulo *inspiração* vem do grego *in-spirar*, e significa "Ter dentro o Espírito". Cecília Meireles, por sua vez, definia a poesia como "um deslumbramento que transtorna o leitor e lhe abre de repente uma claridade sobre a vida, o mundo, a sua condição, a morte, Deus...".[24]

Resultado feliz do encontro da Poesia com o Espírito, a lírica ceciliana se enriquece, ainda mais, com a publicação desta Trilogia das Santas, reunida pela primeira vez em um único volume e enfim acessível a um número maior de leitores.

RICARDO VIEIRA LIMA

---

[22] Trecho da conferência inédita "Religião e poesia", lida por Cecília Meireles, em 1963, na Associação Brasileira de Imprensa (ABI).

[23] FERREIRA, Aurélio Buarque de Holanda. *Novo Aurélio Século XXI*. Rio de Janeiro: Nova Fronteira, 1999, p. 1.593.

[24] Trecho da conferência "Religião e poesia".

Pequeno oratório de Santa Clara

Serenata

Uma voz cantava ao longe
entre o luar e as pedras.
E nos palácios fechados,
entregues às sentinelas,
– exaustas de tantas mortes,
de tantas guerras! –
estremeciam os sonhos
no coração das donzelas.
Ah! que estranha serenata,
eco de invisíveis festas!
A quem se dirigiriam
palavras de amor tão belas,
tão ditosas
(de que divinos poetas?),
como as que andavam lá fora,
pelas ruas e vielas,
– diáfanas, à lua,
– graves, nas pedras...?

Convite

Fechai os olhos, donzelas,
sobre a estranha serenata!
Não é por vós que suspira,
enamorada...
Fala com Dona Pobreza,
o homem que na noite passa.
Por ela se transfigura,
– que é a sua Amada!
Por ela esquece o que tinha:
prestígio, família, casa...
Fechai os olhos, donzelas!
(Mas, se sentis perturbada
pela grande voz da noite
a solidão da alma,
– abandonai o que tendes,
e segui também sem nada
essa flor de juventude
que canta e passa!)

Eco

Cantara ao longe Francisco,
jogral de Deus deslumbrado.
Quem se mirara em seus olhos,
seguira atrás de seu passo!
(Um filho de mercadores
pode ser mais que um fidalgo,
se Deus o espera
com seu comovido abraço...)
Ah! que celeste destino,
ser pobre e andar a seu lado!
Só de perfeita alegria
levar repleto o regaço!
Beijar leprosos,
sem se sentir enojado!
Converter homens e bichos!
Falar com os anjos do espaço!...
(Ah! quem fora a sombra, ao menos,
desse jogral deslumbrado!)

Clara

Voz luminosa da noite,
feliz de quem te entendia!
(Num palácio mui guardado,
levantou-se uma menina:
já não pode ser quem era,
tão bem guarnida,
com seus vestidos bordados,
de veludo e musselina;
já não quer saber de noivos:
outra é a sua vida.
Fecha as portas, desce a treva,
que com seu nome ilumina.
Que são lágrimas?
Pelo silêncio caminha...)
Um vasto campo deserto,
a larga estrada divina!
Ah! feliz itinerário!
Sobrenatural partida!

Fuga

Escutai, nobres fidalgos:
a menina que criastes
é uma vaga sombra,
fora de vossa vontade,
livre de enganos
e traves.
É uma estrela que procura
outra vez a Eternidade!
Despida de suas joias
e de seus faustosos trajes,
inclina a cabeça
com terna humildade.
Cortam-lhe as tranças:
ramo de luz nos altares.
Mais clara do que seu nome,
no fogo da Caridade
queima o que fora e tivera:
– ultrapassa a que criastes!

Perseguição

Já partiram cavaleiros
no encalço da fugitiva.
– Não rireis, ó mercadores,
não rireis da fidalguia!
Iremos buscá-la à força,
morta ou viva!
(Dão de esporas aos cavalos,
entre injúria e zombaria.
Passam o portal da igreja,
com olhos acesos de ira.
– Não leveis a mão à espada!
Grande pecado seria!)
E vem a monja.
Só de renúncias vestida!
Ah! Clara, se não falasses,
quem te reconheceria?
Para onde vais tão sem nada,
nessa alegria?

Volta

Voltaram os cavaleiros,
com grande espanto na cara.
Palácios tristes...
Inútil espada...
Que grandes paixões ocultas
nas altas muralhas!
Pasmado, o povo contempla
aquela chegada...
(Longe ficara a menina
que servir a Deus sonhara,
de glórias vãs esquecida,
da família separada.
Força nenhuma
a seus votos a arrancara.
Aos pés de Cristo caía:
não desejava mais nada.)
Olhavam-se os mercadores,
com grande espanto na cara.

Vida

Do pano mais velho usava.
Do pão mais velho comia.
Num leito de vides secas,
e de cilícios vestida,
em travesseiro de pedra,
seu curto sono dormia.
Cada vez mais pobre
tinha de ser sua vida,
entre orações e trabalhos
e milagres que fazia,
a salvar a humanidade
dolorida.
Mãos no altar, a acender luzes,
pés na pedra fria.
Humilde, entre as companheiras;
diante do mal, destemida,
Irmã Clara, em seu mosteiro,
tênue vivia.

Milagre

Um dia, veio o Anticristo,
com seus cavalos acesos.
Flechas agudas,
na aljava de cada arqueiro.
Vêm matar e arrasar tudo,
com duros engenhos.
"Irmã Clara, vede, há escadas
sobre os muros do mosteiro!
Soldados de ferro!
Negros sarracenos!"
(Tomou da Hóstia consagrada,
rosto de Deus verdadeiro,
– levantou-a no alto
do parapeito...)
E, na cidade assaltada,
não se viu mais um guerreiro:
ou fugiram a cavalo
ou caíram de joelhos.

Fim

Já quarenta anos passaram:
é uma velhinha, a menina
que, por amor à pobreza,
se despojou do que tinha,
fez-se monja,
e foi com tanta alegria
servir a Deus nos altares,
e, entre luz e ladainha,
rogar pelos pecadores
em agonia.
Já passaram quarenta anos:
e hoje a morte se avizinha.
(Tão doente, o corpo!
A alma, tão festiva!
Os grandes olhos abertos
uma lágrima sustinham:
não se perdesse no mundo
o seu sonho de menina!)

Voz

E a noite inteira, baixinho,
murmurara:
"Levas bom guia contigo,
não te arreceies de nada:
guarda-te o Senhor nos braços,
– e em Seus braços estás salva!
Bendito e louvado seja
Deus, por quem foste criada!..."
E neste falar morria
Irmã Clara,
tão feliz de ter vivido,
tão de amor transfigurada,
que era a morte no seu rosto
como a estrela-d'alva.
("Com quem falais tão baixinho,
Bem-aventurada?"
"Com minha alma estou falando...")
Ah! com sua alma falava...

Luz

Por um santo que encontrara,
há tanto tempo,
alegremente deixara
o mundo, de estranho enredo,
para viver pobrezinha,
no maior contentamento,
longe de maldades,
livre de rancor e medo,
a vencer pecados,
a servir enfermos...
Já está morta. E é tão ditosa
como quem sai de um degredo.
O Papa Inocêncio IV
põe-lhe o seu anel no dedo.
Cardeais, abades, bispos
fazem o mesmo.
(Mais que as grandes joias, brilha
seu nome, no tempo!)

Glória

Já seus olhos se fecharam.
E agora rezam-lhe ofícios.
(Tecem-lhe os anjos grinaldas,
no divino Paraíso.
"Pomba argêntea!" – cantam.
"Estrela claríssima!")
– Irmã Clara, humilde foste,
muito além do que é preciso!...
– O caminho me ensinaste:
o que fiz foi vir contigo...
(Assim conversam, gloriosos,
Santa Clara e São Francisco.
Cantam os anjos alegres:
Vede o seu sorriso!)
Que assim partem deste mundo
os santos, com seus serviços.
Entre os humanos tormentos,
são exemplo e aviso,
pois estamos tão cercados
de ciladas e inimigos!
"Santa! Santa! Santa Clara!"
os anjos cantam.

(E aqui com Deus finalizo.)

Romance de Santa Cecília

Era de família patrícia,
e residia nesta casa.
Em que lugar se sentaria?
Quem ouviu sua voz? e que harpa?
Há sombras de música antiga
no átrio, no corredor, na sala:
ó voz, ó som, ó ar sem morte
suspenso nesta imensa pausa!

Desgostosa dos velhos deuses
e do Evangelho enamorada,
percorria prados celestes:
entre santos e anjos andava.
Medo nenhum toldava a fonte
cantante e fresca de sua alma.
E o ardente sangue de martírio
que os caminhos cristãos alaga
era um rio do paraíso
em que o seu amor navegava.

Que era de família patrícia,
leve de voz, suave de cara.
Estas pedras viram seus olhos,
sua figura delicada.
Nestes etéreos aposentos,
em santidade se inclinava.
O tempo era cheio de horrores,
de perseguições e desgraças;
mas os anjos que aqui se encontram
servos foram de sua graça:

um, as sandálias lhe prendia;
outro, os vestidos lhe bordava;
o terceiro é o que suas tranças
lavava em transparentes águas,
e, depois de as lavar, cobria
com uma cândida toalha.

Sendo de família patrícia
e em idade de ser casada,
foram celebrados os ritos.
E ela entre a terra e o céu pairava.
De cada lado, um grupo de anjos
descendo, para coroá-la.
Dos anjos o mais poderoso
em sua câmara a esperava.

Fitava o esposo a clara esposa;
o cunhado, sua cunhada,
que, toda coberta de estrelas,
entre flores e anjos brilhava.
Levantaram as mãos orantes
e não puderam dizer nada:
e sentiram na própria testa
a luz do céu, – fluida cascata:
fulgia a noiva, longe e perto,
rosa do amor intemerata.

E por estes campos romanos
o Evangelho se propagava.
E havia muito sofrimento

marcando a extensão das estradas.
Mas, nas catacumbas secretas,
ressoava a divina palavra,
entre corredores e tochas
e pedras de túmulo e de ara
com letras gregas e desenhos
de peixe, de pomba e de barca.
E os anjos desciam às covas
de onde os santos se levantavam.

Era de família patrícia
e seus deuses abandonara.
E os tiranos a perseguiam
como os caçadores a caça.
E vieram soldados terríveis,
quando ela do banho voltava,
toda perfumada da infância
que o coração lhe embalsamava.
Seu corpo era uma flor tão pura!
Que flor não seria sua alma?

E eis a milícia – o punho, a força –
que no calidário a fechava.
Da oculta fornalha subiam
tênues serpentes de fumaça.
E o mundo fugia a seus olhos,
e ela, cega e imobilizada,
era uma rosa prisioneira
num poço de incertas opalas.
(Mas na cruz de seu gesto orante
o Espírito Santo pousava.)

Era de família patrícia
e da luz de Deus desposada.
Viveu três dias e três noites
no calidário sufocada.
Os anjos vinham socorrê-la:
moviam suas longas asas,
secavam sua lisa fronte,
clareavam-lhe a vista baça,
e esperançavam-lhe os ouvidos
com sobre-humanas alvoradas.

Mas os soldados, entre os anjos,
seu duro perfil recortavam,
e entre as celestes melodias
perpassavam gumes de espadas.
E ela, perdida no nevoeiro,
– ó trêmulas opalas falsas! –
ouve os homens que lhe perguntam
pelo Deus em que acreditava...

... E não sabe se é vida ou sonho
ou morte, essa bruma compacta,
e repete a lição de Cristo,
e em fé seu coração exalta,
e vê que a névoa se dispersa,
e que brilha uma luz mais vasta,
fonte aberta no céu ferido
pelos três golpes de uma adaga.

Fora de família patrícia
e ali seu destino encerrava.
Ao primeiro golpe, caída,
na sua santidade calma,
torce a cabeça e entrega a nuca
para ser logo degolada.
Ao segundo golpe, uma fina
fita de sangue se desata.
Mas nem mesmo o terceiro golpe
a cabeça ao corpo separa.
Porque um anjo lhe ampara a testa,
o segundo os ombros lhe ampara,
e o terceiro detém o sangue
que um colar de rubis ensarta.

Ao primeiro golpe, ela estende
um dos dedos, convicta e exausta,
para dizer que Deus é uno,
pai de toda a Vida criada.
Ao segundo golpe, desdobra
outro dedo, com o que declara
que Jesus Cristo é um só seu Filho,
morto na Cruz por nossa causa.
Ao terceiro golpe, ainda afirma
que a outra pessoa consagrada
é o Espírito Santo. E assim deixa
as mãos na vida eterna, – salva.

Virgem Mártir Santa Cecília,
doce romana, rosa casta!

– seu corpo, frio, numa pedra;
em luz, aos pés de Deus, sua alma.
O tempo gasta os outros mortos,
mas a Virgem Mártir não gasta.
Tal como quando foi ferida,
tal como foi assassinada,
depois de séculos e sonhos
nas catacumbas a encontraram.
Nem seu vestido apodrecera
nem seu perfil se desmanchara.
E com seus três dedos dizia,
com seus três dedos afirmava
que há somente um Deus Verdadeiro
em três pessoas consagradas:
Padre, Filho e Espírito Santo,
conforme o Evangelho ensinara.

Era de família patrícia
e esta foi a sua morada.
Virgem Mártir Santa Cecília,
socorre a quem se despedaça,
por amor às coisas divinas,
sob o duro gume de espadas!
Socorre a quem, por sonho puro,
com ferro e fogo o mundo mata!
Protege a quem, devotamente,
relembra o teu nome e relata
a história do teu sacrifício,
– luta do espírito e das armas, –
cada 22 de novembro,
que ficou sendo a tua data.

Oratório de Santa Maria Egipcíaca

Prefácio à 1ª edição

A autora

A autora confessa-se uma enamorada do *Flos Sanctorum*. Há temperamentos insatisfeitos com as simples grandezas terrenas, que, em geral, se detêm na fronteira do heroísmo. Para esses, não parece impossível que o esforço humano consiga ultrapassar esse horizonte, e atinja o mundo longínquo da santidade. São esses temperamentos que facilmente seguem a rota da lenda, inventando-a, vivendo-a ou pelo menos caminhando por ela. É muito difícil, em certos casos, separar-se o histórico do lendário. O *Flos Sanctorum* é uma região de transfigurados, aprazível de percorrer, com seus inumeráveis exemplos de esperança.

Falo da autora em primeiro lugar porque um dos seus sonhos de adolescente foi escrever um Oratório do Apóstolo São Paulo. Mas São Paulo é tão veementemente histórico que a menina que estudou música pelo desejo de dar forma ao seu sonho, diante das responsabilidades que tinha a enfrentar, deteve-se, com moderação e humildade.

O *Pequeno oratório de Santa Clara* e o *Romance de Santa Cecília* escritos muito mais tarde a dar notícia de seus passeios pelo *Flos Sanctorum* – mas cerca de dez anos, quando se ocupava do teatro de bonecos, a autora programara uma série de esboços dramáticos, de que pouco a pouco se vem desincumbindo, todos eles referentes a episódios do *Flos Sanctorum*.

O poema

A história de Santa Maria Egipcíaca chama a atenção dos leitores de vidas de santos quase sempre pelo episódio da travessia do rio, pela versão de ter a santa pago a passagem com o seu corpo, movida pelo ardente desejo de ir a Jerusalém. É, na verdade, um episódio de impressionante grandeza. Mas, em outra versão, Santa Maria Egipcíaca, instalada em Alexandria desde a adolescência, e levando vida impura (que um estudo da época e do lugar ajudaria a compreender), não teria feito esse ajuste por inspiração mística, mas, ao contrário, com o fim de tentar com a sua sedução os peregrinos que a Jerusalém se dirigiam para as festas da Santa Cruz.

À autora, não é esse episódio – embora reconhecendo a força do imprevisto que ele encerra – o que mais impressiona. O que a impressiona é a sua própria santidade. Sem martírio, sem milagres, sem coisas extraordinárias a não ser a sua levitação sobre as águas, o leão final que lhe abre a cova no deserto e a cobre de terra, Santa Maria Egipcíaca é a penitente. Seu problema é "interior", seu "martírio", seu "milagre" como sua glória decorrem nesse tempo oculto da alma, esse lugar oculto. A "voz" que no poema parece uma advertência divina pode ser o seu próprio instinto de santidade em luta com circunstâncias que lhe impõem um comportamento contraditório. E quando a pecadora Maria acorda energicamente para uma vida nova, acorda "por si mesma", por sentir seus passos pesados e sua voz indigna. (Claro que não queremos nem defender para ela uma posição de orgulho nem tratar do problema da Graça.)

Foi dentro dessa perspectiva, pois, que o poema se formou. Se ele por si não o deixa claro, a autora gostaria de acentuar aqui a sua intenção: o processo de transformação da pecadora. A clareza da sua consciência no Mal e no Bem. Sob o nítido céu do Egito, quase se vê desenhada como um triângulo essa vida singular, límpida e geométrica na sua edificação. Talvez mesmo o ápice desse triângulo não esteja no deserto, onde a penitência desliza em miragens de um passado que se desmorona com certa felicidade melancólica. Talvez o ápice esteja na Terra Santa, na irrecusável conversão. E não sei que elo íntimo associa esse instante de Maria Egipcíaca ao instante análogo na vida de Saulo em Damasco – mas talvez a autora confusamente o sentisse, ao cuidar da Santa, tendo um dia sonhado cuidar do Apóstolo.

A autora reconhece não só sua inexperiência em composições dramáticas como, especialmente neste caso, a dificuldade em dar forma "exterior" a um drama tão íntimo e arcaico. Mas seu propósito não foi fazer história nem propriamente teatro – mas um poema que, perdida a forma narrativa, assume a forma representada, e pode, talvez, converter-se em espetáculo. Sobretudo porque a autora o sentiu "musicalmente", construído nessa harmonia do acontecimento – que lhe afigura exato como um teorema.

Talvez a linguagem usada seja um pouco excessiva: quem sabe, porém, como falaria essa adolescente impetuosa que deixa a família para levar tão perigosa vida em Alexandria; e se propõe seduzir os peregrinos que vão à Terra Santa; e "sente" tão profunda vergonha diante de Deus que, antes dos quarenta anos, escolhe o deserto e o silêncio, e é enterrada por um leão? Nesse clima de exaltação talvez se possa admitir uma linguagem exaltada. A autora reconhece tudo isso e muito mais – e pede desculpas de não ter podido fazer melhor – como desejaria.

CECÍLIA MEIRELES

Para três vozes

SANTA MARIA EGIPCÍACA
VOZ MÍSTICA
VOZ DESCRITIVA
(NARRADOR INVISÍVEL. Só aparece no final.)

E coro

E três cenários

Alexandria, Jerusalém e Jordão

Dezembro de 1957

I. Cenário de Alexandria

VOZ MÍSTICA

> Maria do Egito, Maria,
> por que sais de casa,
> por que foges de tua gente
> que vai morrer de melancolia?

MARIA EGIPCÍACA

> Venho para Alexandria.

VOZ MÍSTICA

> Que vens fazer, Maria,
> sem conhecido, amigo ou parente,
> Maria do Egito, em Alexandria?

MARIA EGIPCÍACA

Fala   Sou rio, serpente,
        corro para onde quero, sozinha,
Canta para longe corro.
        Sou perfume de óleo fervente,
        ervas, flor, semente
        em viva brasa.
        Do meu fogo morro.
Fala   Não há fogo de sol nascente,
        não há fogo de sol ardente
        que se compare à labareda minha.

Olha os meus braços que seguem na minha
[frente,
finas cordas de seda muito seguras,
olha o meu vasto cabelo sombrio,
que é uma vela redonda de noite e de vento.

Canta Olha o meu corpo como um navio
cortando as horas escuras
e a louca espuma fosforescente...
Olha na minha boca o mel das tamareiras...

VOZ MÍSTICA

Canta Cala-te, Maria,
faze da tua beleza
uma estrela acesa,
enquanto esperas
a luz do dia...

MARIA EGIPCÍACA

Fala Minhas pernas são altas, leves e ligeiras,
são minhas pálpebras tendas franjadas
e a sombra das caravanas se deita nas minhas
[olheiras.
Há nos meus olhos verdes luas levantadas
que escutam passar sedentas feras.

VOZ MÍSTICA

Canta Que vens fazer em Alexandria,
Maria do Egito?

MARIA EGIPCÍACA

Canta   Olha como estremeço e palpito!
Vi meu rosto na prata brilhante:
minha curva narina nervosa
é uma concha de seda, é uma rosa...
Minhas mãos são dois ramos de lírios fechados,
minha voz vem de um mundo de púrpura e
                [açucena,
de aljofres e corais molhados...

VOZ MÍSTICA

Fala   Maria do Egito, que ainda és tão pequena,
que farás nesta grande cidade de mercadores,
nesta cidade de Alexandria?

MARIA EGIPCÍACA

Fala   Não pensei de maneira alguma no meu destino.
Canta   Vou deitar-me nas franjas da água luzidia,
inaugurar um porto de amores,
ser a sua mais fina mercadoria.
E quem trouxer mirra, sândalo, benjoim
verá que são de cinza seus pobres aromas,
quando se aproximar de mim.
Fala   Pois não há pétalas nem gomas
que se comparem ao perfume das túrgidas pomas
em meu corpo desabrochadas.

VOZ MÍSTICA

Fala   Oh! Maria do Egito, cala-te, não respondas,
que o Demônio cavalga em tua língua, e solta
sua eloquência de revolta.

MARIA EGIPCÍACA

Canta   Sinto-me rosa, nácar, marfim.
Que jarra se compara às curvas redondas
do meu flanco,
dourado e branco...?

VOZ MÍSTICA

Fala   Cala-te, Maria, que vais chorar de tristeza,
banhar de lágrimas tua beleza...

MARIA EGIPCÍACA

Fala   Tenho pressa, pressa de deitar-me em flores,
abandonar-me em campo suave,
boca de pantera, asa de ave,
Canta   ver peregrinos, ver marinheiros,
olhar-me em seus olhos, ouvir seus clamores,
amá-los, quebrar-me em seus dedos grosseiros,
entre esses estranhos cheiros
de lãs, de drogas, de navios e desertos...
Fala   Ouvir em mil línguas diversas o mesmo assombro
[e o mesmo grito:
Canta   que sou mais bela que a rósea coluna,
mais do que o excelso farol, perfeita:
e nada com mais graça à lua e ao sol se deita,
nem as ondas na praia nem a brisa na duna.

VOZ MÍSTICA

Fala   Maria do Egito, Maria do Egito!
há um outro assombro e um outro grito,
e uma cruz que se levanta
e os homens que esperas vão para a Terra Santa...
Canta Deus mandou para todos nós a Sua mensagem:
iremos àquela sacratíssima paragem
beijar a terra que pisou o Crucificado,
ver o túmulo de onde saiu ressuscitado!

MARIA EGIPCÍACA

Canta, passando a fala
Eu serei nas minhas alfombras
como um jardim de chafarizes e sombras,
e ensinarei melhor o horizonte e o infinito,
e serei como a parede de basalto
onde tudo está desenhado e escrito,
e serei como a flor
que levanta seu rosto tão alto
e morta se inclina derramando aroma e cor...
Fala   Eu pararei as naves, as grandes, austeras naves,
e farei sorrirem para mim os homens graves
que procuram a salvação dentro da morte.
Morro melhor no amor que os sábios em
[sabedoria.

VOZ MÍSTICA

Interrompendo, canta
Maria do Egito, Maria!

MARIA EGIPCÍACA

Fala   Em cofres de marfim e sândalo
             levantarão seus delicados presentes
             de sedas mais que o ar transparentes,
             com folhas de ouro e prata e raios de água e lua.

Canta   E quedarei velada e nua,
             oculta e fosforescente...

VOZ MÍSTICA

Canta   Maria do Egito, em fogo breve será consumida
             tua pequena, ardente vida.
             Maria do Egito, em fogo eterno será queimada
             tua paixão desesperada.

MARIA EGIPCÍACA

Fala   Não me atireis palavras de escândalo,
             que eu não serei jamais mulher que se venda,
             seja mendigo ou imperador quem me pretenda.

Canta   Eu sou a mulher eternamente dada,
             que em seu próprio fogo se sente abrasada.
             Sou minha escrava, mas sou minha dona,
             amo o meu próprio amor, que não me abandona,
             que é todos os dias uma flor nova...

VOZ MÍSTICA

Fala   Todos os dias serás uma pedra da tua cova...

MARIA EGIPCÍACA

Canta   Envolvo-me no bálsamo de todos os vícios...

VOZ MÍSTICA

Fala   Antes te envolvesses em ásperos panos cilícios,
Canta e antes pudesses sufocar com a mesma fúria
com que os nutres, ó desvairada,
os rubros demônios do Orgulho e da Luxúria!

MARIA EGIPCÍACA

Canta E as minhas pálpebras triunfantes
verão à luz da madrugada
– invencíveis e cintilantes –
a face exausta de mil amantes
tontos dos vinhos e da música dos sistros...

VOZ MÍSTICA

Canta Maria do Egito, cerra os ouvidos,
cerra os teus olhos seduzidos
por esses pérfidos banquetes,
por esses convivas sinistros.
Deixa o teu rosto nos espelhos,
deixa as taças pelos tapetes:
dobra os teus rosados joelhos,
e, enquanto todos dormem, foge,
foge de ti, de tua vida,
Fala   a vida não é o dia de hoje!
Acorda tua alma esquecida,
Maria enferma de luxúria e engano,
Canta Maria que flutuas no pecado
como alga perdida no oceano.

MARIA EGIPCÍACA

Canta   Amadurecerei nas mãos possantes
desses homens que pesam âmbar e diamantes,
serei um lótus repleto das abelhas
desses estranhos olhos, com metálicas farpas,
e oleosas trevas e agudas centelhas...

VOZ MÍSTICA

Canta   Muito longe, Maria, Maria do Egito,
soam clarins, liras e harpas,
é um novo Nome, um novo rito...

MARIA EGIPCÍACA

Canta   Eu sou a água, eu sou a rosa,
que me desfolho, que me desfolho.
Quero dar-me a quem passa, eu, Maria,
irreprimível dadivosa,
quem me recebe não vejo, só amo...

Fala   Meu corpo é a minha sabedoria,
meu rito é o tempo que se goza
na trepidante Alexandria.
Meu nome é a ardente alegria.

VOZ MÍSTICA

Fala   Volta, Maria do Egito, regressa
à tua casa, Maria do Egito, dessa
triste aventura despede-te, depressa!

MARIA EGIPCÍACA

Canta   É neste mar que navego,
mirando o que por mim passa,
em viagem de que nunca chego...
Quem me beija, quem me abraça
fica em deslumbrado sossego.

II. *Cenário de Alexandria*

VOZ DESCRITIVA

Fala   Parou um barco em Alexandria,
cheio de romeiros para a Terra Santa.
Na sua almofada, de onde o mar se via,
eis Maria que se levanta.

MARIA EGIPCÍACA

Fala   De que terra falais, e de que profecias
e por que navegais com pressa tanta?

Canta   Vinde comer à minha mesa,
onde o alimento é a minha beleza,
vinde beber meu vinho doce e forte.

Fala   Por que ireis procurar a morte?
Que gosto é o vosso por sepulcros e por cruzes?

Canta   Ficai comigo, descansai neste aposento
onde o meu sonho é o mar e a minha voz, o vento,
e meus olhos outros faróis de extensas luzes...

Fala   Ou levai-me convosco por esses mares que não
[conheço.
Levai-me convosco que posso pagar o que
[quiserdes.
Eu mesma serei a moeda, seja qual for o vosso
[preço:
pois meu peito é uma cesta de frutas e flores,
meus olhos, uns tanques de inquietos peixes verdes,
minha cintura uma harpa com fitas de mil amores,

Canta   e é uma noite de seda o meu cabelo aberto,
e a minha boca uma tâmara entre os ventos do
[deserto...

VOZ DESCRITIVA

Fala   E os romeiros que iam para a Terra Santa
paravam, tontos por essa voz que os seduzia,
como um perfume na jarra daquela garganta,
perguntavam quem era aquela
mulher tão jovem e tão bela,
que a possuía, que os possuía...
Canta   E era Maria
de Alexandria...
Fala   E embora romeiros e mui devotos,
aqueles homens do barco descidos
vinham ver Maria, bosque de lótus,
brilhando numa água de tênues vestidos.
E da sua fraqueza mui surpreendidos,
os romeiros devotos se debruçavam sobre Maria,
e diante dela Jerusalém desaparecia.
E o dono do barco, mais atrevido que os outros,
[dizia:
Canta   Levo-te comigo de Alexandria,
levo-te para qualquer viagem:
com o gosto da tua boca, Maria,
irás pagando para sempre a tua passagem...

MARIA EGIPCÍACA

Fala   Mas a Terra de que falais não é um mundo eterno?
Não dizeis que buscais uns lugares sagrados?

Como quereis levar-me para essas terras tão tristes,
onde tudo que é belo está morto?
Não, deixai-me, deixai-me neste turbulento porto...
assim como sou. Não me abraçastes? não me vistes?
– cálida, gloriosa e opulenta
como a terra que o rio banha e em verdura
[rebenta.

VOZ MÍSTICA

Canta   Maria do Egito, Maria,
não provoques o peregrino
que para no porto de Alexandria.
Não o desvies do seu destino.
Não transmitas o teu pecado a quem procura
o trono de Deus, tão longe e tão alto, na terra
[escura.

CORO DOS ROMEIROS SUBINDO PARA O BARCO

Romeiros somos, carregados
de tenebrosos pecados.
Procuramos o Céu, mas estamos ainda no Inferno.
O Demônio nos chama por todos os lados,
e nesta barca levamos corpos ainda mui pesados.

VOZ MÍSTICA

Canta   Maria, anjo do céu caído,
parte também em romaria,
deixa os delírios de Alexandria,
cobre-te com um denso vestido,

vai ver a vida que da morte se levanta,
no milagre da Terra Santa,
como sai da noite o dia.

III. Cenário de Jerusalém

VOZ DESCRITIVA

Canta   E Maria foi para a Terra Santa,
Maria a serpente de fogo de Alexandria:
Maria do Egito a da veludosa garganta,
a da boca de amêndoa macia.

Fala   Sobre a sua cabeça brilhava o céu de estrelas
[adornado,
azul e negra a seus pés a água fervia.
Seu corpo suntuoso, entre ondas e estrelas deitado,
ia com os romeiros para a romaria.
E afinal pararam, saltaram, subiram para os lugares
que vinham buscando ao longo de desertos e
[mares.

Canta   Mas quando os romeiros avistaram o sítio sagrado
e pensaram em seu Mestre Jesus, que foi morto
para que os homens tivessem alma e eterna vida,
esqueceram-se daquela que era uma deusa no
[porto
movimentado de Alexandria,
daquela morena e verde e resplandecente Maria
por eles no barco trazida

Fala   e que pagara aquela devota viagem
com o beijo da sua boca, repartida
por toda a equipagem.

Canta   E Maria do Egito, Maria,
com seu corpo de gata e serpente,

caminhava no meio daquela gente,
pela primeira vez calma e fria.

Fala E aqueles que a tinham beijado
e tocado em seu rosto e dormido em seu peito
puderam entrar de coração satisfeito
nos santos lugares dos peregrinos.
E ali cantavam seus doces hinos
com lábios onde ainda se sentia
o gosto, o perfume, o calor de Maria,
de Maria de Alexandria.
Ela, porém, ia ficando distante e sozinha,
até todos terem passado,
e então desejou cantar, e seu passo estava
[imobilizado,
e sua voz, coberta de confusão e melancolia,
[assim dizia:

MARIA EGIPCÍACA

Fala Branca Jerusalém, cidade dos profetas,
deixa-me prosseguir! Por que tenho este chumbo
[nos passos?
Eu sou aquela egipcíaca, de dourados braços,
de dias festivos, de noites inquietas.
Eu sou aquela que dançava como a brisa.
Deixei tapetes de seda para pisar estas pedras duras,
para te ver, Jerusalém, e ver teus santos,
ah! por que não posso andar como as outras
[criaturas?

VOZ DESCRITIVA

Fala   E de muito longe uma voz respondia:

VOZ DO CÉU

Canta   Maria, tu mesma paras, Maria de Alexandria!
Maria, tu mesma acordas, e vês o teu primeiro dia!
Maria, tu mesma sentes o peso dos teus espantos!
Maria, põe tua voz sobre as palavras destes cantos!
Maria, estas palavras são claras como claras fontes!
Maria, segue por estes pedregosos, floridos montes!
Maria, não tenhas medo da aspereza destes
[caminhos!
Maria, isto é um chão de cruzes, todas coroadas
[de espinhos!
Maria, o fim dos homens é serem nas suas cruzes
[pregados!
Maria, das nossas cruzes renasceremos purificados!

VOZ DESCRITIVA

Fala   E Maria prostrou-se com o rosto na poeira,
e cheia de lágrimas respondia desta maneira:

MARIA EGIPCÍACA

Fala   Senhor, Senhor, Senhor, eu sou Maria,
aquela do porto de Alexandria,
que desde menina vivo dedicada
a amar quem passa pela cidade.
Como posso cantar para a Eternidade,
se a minha vida é só para breves instantes?

E como poderei amar a Divindade,
se apenas mortais têm sido os meus amantes?
Senhor, eu não sou romeira nem peregrina,
eu sou a que fugiu de casa, quando era menina,
a que era tão leve, tão bela e graciosa
que nem a palmeira, que nem a brisa, que nem a
[rosa.
Não posso mais levantar meu rosto para o rosto
daqueles que deixei desesperados de desgosto,
como o levantarei para a tua Face, que é divina?
Senhor, não posso dar um passo para a frente!
Sinto nos pés a força de uma severa corrente
e não consigo acompanhar toda essa gente
que canta seus hinos diante de Ti ajoelhada...
Mas eu amei quanto pude, amei por amar, mais
[nada.
Deixe-me ir para trás, ao menos, para o deserto,
aprender o que está errado e o que está certo,
e voltarei, talvez, se conseguir um dia chegar perto
de Ti, Senhor, e iluminada!

VOZ MÍSTICA

Canta   Vai para esse deserto que escolheste, penitente,
e abre teu coração à luz Onipotente
que desce em silêncio dos quatro horizontes.
Banha-te nessas douradas fontes,
e aquele grande fogo que consumia
tua vida em Alexandria
verás cair de teu corpo como um vestido encarnado,
e estarás para sempre perfeita e livre do vil pecado!

IV. Cenário do deserto

VOZ DESCRITIVA

Fala   E Maria levou uns cinquenta anos sozinha
em penitência pelo deserto.
Nada mais possuía, nada mais tinha
além de seu velho corpo, pela cabeleira coberto.
Um pobre corpo como no inverno a cepa da vinha.
Os 4 Evangelhos sobre os 4 ventos
vinham trazer-lhe seus ensinamentos.
E nem comia nem bebia,
Maria de Alexandria
nem acordava nem dormia,
e sua vida estava suspensa
entre o alto céu e a ânsia imensa,
alimentada só por um celeste rossio.
E às vezes caminhava por cima das águas do rio.

V. Cenário do deserto

*Prelúdio, com as três linhas seguintes cantadas e o resto,
fundo musical.*

VOZ DESCRITIVA

Canta   Zósimo passava
pelo deserto
quando viu um vulto que se aproximava.
Fala   Velho, muito velho era o corpo coberto
apenas por uns cabelos muito compridos,
como uns desbotados vestidos.
E o vulto dizia baixinho:

MARIA EGIPCÍACA *(voz alquebrada de Maria)*

"Zósimo, Zósimo, não te afastes do caminho,
eu sou uma pobre penitente
que por aqui aprende o Evangelho.
Vem ouvir minha história,
antes que se apague da minha memória,
como um dia que termina:
Zósimo, Zósimo, eu sou uma antiga menina,
que deixou para trás sua família e sua casa,
e foi queimar-se tal o incenso na brasa,
no curvo porto azul de Alexandria.
Ah, os banquetes diante do noturno mar prateado!
As sedes em que esteve meu corpo amortalhado!
Os peixes d'água e luz que nos traziam os
[pescadores,

Os vinhos que espumavam nos jarros de mil cores.
E este corpo, que vês, óleo doce e macio
flutuava no amor como um céu sobre um rio.
Ah! Zósimo, este é o corpo, e o amor não é mais
[nada!
Diante de Deus, fiquei parada e envergonhada.
Vim para aqui pensar nas minhas rebeldias,
pesar com o coração a herança dos meus dias.
Minha alma aqui se abriu, pobre romã partida:
somente lágrimas continha a minha vida.
Zósimo, pensa em mim! que sofro longamente
para poder andar diante de Deus sem medo.
Pensa em mim, Zósimo, porém sem pena: pois
[bem cedo
deixarei esta areia,
entrarei calma na minha sepultura,
tão velha, tão feia, sublimada por altas chamas,
tão feliz, tão pura!"

VOZ DESCRITIVA

Fala   E Zósimo partiu sem perguntar nada,
porque sua alma ficara muito comovida e
[assombrada.

VI. Cenário do deserto

VOZ DESCRITIVA

Canta   Pela segunda vez Zósimo passava
        e outra vez o vulto encontrava,
Fala   coberto com a chuva cinzenta dos seus cabelos,
        e agora caminhando pelos
        do Jordão líquidos caminhos.
        E lembrou-se de perguntar "Como te chamas?"
        E o vulto lhe respondia:

MARIA EGIPCÍACA

Canta   Eu fui aquela
        egipcíaca donzela
        que fugiu de casa para Alexandria.
        Era tão perversa e tão bela
        que a minha fama se conhecia
        nos impérios todos do mundo.
        Depois, fui com meu corpo imundo
        visitar o lugar sagrado
        de Jesus Crucificado,
        Oh! altos montes, negras oliveiras,
        pedras repletas de ecos, ó puras sombras
                           [verdadeiras!
        E meu passo ficou tolhido,
        tão grande era o peso do pecado
        pelo meu sangue subitamente reconhecido.
        Meu nome era Maria,

pecadora de Alexandria.
Agora sou a penitente das areias,
e só o vento do deserto vem cantar nas minhas veias.
O vento canta na minha pele e nos meus ossos.
E sou feliz por ver os meus próprios destroços.
O vento canta nos meus cabelos.
A harpa é mísera, mas comoventes são os apelos.
Zósimo, grava na tua memória
os quatro instantes da minha história:
a menina enganada,
a pecadora reclinada,
a romeira subitamente esclarecida,
e esta que morre e só na morte encontra vida.

VOZ DESCRITIVA

Fala E Zósimo olhava a seca figura
que por cima das águas andava
sem ir ao fundo
e que repetia:

MARIA EGIPCÍACA *(voz de Maria)*

Canta Morei no mundo,
fui Maria de Alexandria,
aqui chorei, das minhas paixões lembrada,
da minha vida passada,
dos meus banquetes, dos meus abraços.
Aqui triturei minhas lembranças com os próprios
[passos,
aqui roguei para que morresse a minha saudade
das vozes que amei, dos sonhos antigos,

daquele espécie de felicidade
que me cercava de perigos.
Aqui solucei pelos meus pecados inocentes:
ajoelhada no chão cortava minhas cadeias com os
[dentes.

Fala   Olha os meus braços nus, lenhosos e torcidos,
que foram tão roliços e de tantas joias cingidos;
e estas pernas que eram lisas e firmes, e finas
[como pluma,
e são negras e moles e sem força nenhuma;
e estes peitos vazios, frouxos e indiferentes,
que eram romãs coroadas, redondas e
[resplandecentes.
E como será meu rosto, que vejo só com os dedos,
[neste deserto,
meu rosto que parecia noturno lótus aberto
e a minha boca, cheia de consentimentos,
– olha tudo isso nas areias e nos ventos...
Zósimo, Zósimo, como eu chorei, para deixar de
[ser bela,
para me despir de pecados,
para matar meus sonhos desesperados!
Mil demônios estão construindo pântanos e
[florestas
para suas eternamente satânicas festas.
E havia uma voz que me falava e eu não ouvia.
Quem era?

Canta   Mas o deserto é a minha moradia,
e tenho um porto de anjos e de estrelas e navego
como quem de repente deixou de ser cego.

VOZ MÍSTICA

Canta   Longe morre Alexandria.
Longe morrem teus pecados.
Outra e a mesma, agora pisas
do Jordão as ondas lisas...

VOZ DESCRITIVA

Fala   Então, Zósimo estendeu à penitente
um punhado de tâmaras, de lentilhas e de figos.
E ela deslizou pelas águas, leve e nua
como no quarto minguante o vulto da lua.
"Como sabes meu nome?", perguntou Zósimo
[sempre assombrado.

MARIA EGIPCÍACA *(voz de Maria)*

Canta   "O vento que me ensina o Evangelho
fez-me clarividente.
Sei o nome de amigos e inimigos,
e o de cada pecado:
vejo o futuro como vejo o passado,
minha alma vai sendo mais nova, no corpo mais
[velho.
Como é possível que eu tenha sido a de
[antigamente?
Choro por mim, como por outra pessoa.
E meu corpo que foi de chumbo agora voa."

VOZ DESCRITIVA

Fala   E seu vulto, na verdade, voava e desaparecia.
E Zósimo chorava também por Maria de Alexandria.

VII. Cenário do deserto

VOZ DESCRITIVA

Fala   A terceira vez que Zósimo veio pelo deserto
procurou-a mas não a encontrou nem longe nem
[perto.
Chamou-a: Maria do Egito! Maria de Alexandria!
Mas dos confins da areia o eco repercutia:
"Santa Maria!"

(Música sem palavras, formando um breve intervalo.
Depois, a música serve de fundo.)

E chamou-a dias inteiros.
Mas não viu mais a velha penitente.
E em vão para os quatro ventos lançava seu grito:
Maria do Egito!
Fugitiva Maria rebelde e brava!
Maria dos barqueiros, dos marinheiros e romeiros.
Maria de Alexandria,
Maria, a vítima da pérfida Serpente,
Maria em parte alguma se encontrava:
nem Maria acordada à luz do caminho santo,
batizada não no Jordão, mas no seu pranto.
Maria de dolorida sabedoria
não se encontrava mais em parte alguma:
passara como no vento a nuvem e na água a
[espuma.

(Sem música)

Fala   E Zósimo sentiu que ela agora habitava
a celeste Jerusalém,
de onde ajudaria a livrar de seus errôneos amores
os que nas ondas dos desejos vão e vêm.

Canta   E pois que todos somos desses navegadores,
por ela seremos ajudados, também.

Coro   Amém.

FIM

NARRADOR PRESENTE

Zósimo voltou então para o seu convento,
chorando de pena e alegria
pelo que tinha visto e escutado
e escreveu a história de Santa Maria,
da sua vida e do seu arrependimento,
para que Santa Maria Egipcíaca, salva do pecado,
também o fosse do esquecimento.

(Música sem palavras)

Cronologia

1901

A 7 de novembro, nasce Cecília Benevides de Carvalho Meirelles, no Rio de Janeiro. Seus pais, Carlos Alberto de Carvalho Meirelles (falecido três meses antes do nascimento da filha) e Mathilde Benevides. Dos quatro filhos do casal, apenas Cecília sobrevive.

1904

Com a morte da mãe, passa a ser criada pela avó materna, Jacintha Garcia Benevides.

1910

Conclui com distinção o curso primário na Escola Estácio de Sá.

1912

Conclui com distinção o curso médio na Escola Estácio de Sá, premiada com medalha de ouro recebida no ano seguinte das mãos de Olavo Bilac, então inspetor escolar do Distrito Federal.

1917

Formada pela Escola Normal (Instituto de Educação), começa a exercer o magistério primário em escolas oficiais do Distrito. Estuda línguas e em seguida ingressa no Conservatório de Música.

1919

Publica o primeiro livro, *Espectros*.

1922

Casa-se com o artista plástico português Fernando Correia Dias.

1923

Publica *Nunca mais... e Poema dos poemas*. Nasce sua filha Maria Elvira.

1924

Publica o livro didático *Criança meu amor...* Nasce sua filha Maria Mathilde.

1925

Publica *Baladas para El-Rei*. Nasce sua filha Maria Fernanda.

1927

Aproxima-se do grupo modernista que se congrega em torno da revista *Festa*.

1929

Publica a tese *O espírito vitorioso*. Começa a escrever crônicas para *O Jornal*, do Rio de Janeiro.

1930

Publica o ensaio *Saudação à menina de Portugal*. Participa ativamente do movimento de reformas do ensino e dirige, no *Diário de Notícias*, página diária dedicada a assuntos de educação (até 1933).

1934

Publica o livro *Leituras infantis*, resultado de uma pesquisa pedagógica. Cria uma biblioteca (pioneira no país) especializada em literatura infantil, no antigo Pavilhão Mourisco, na praia de Botafogo. Viaja a Portugal, onde faz conferências nas Universidades de Lisboa e Coimbra.

1935

Publica em Portugal os ensaios *Notícia da poesia brasileira* e *Batuque, samba e macumba*.
Morre Fernando Correia Dias.

1936

Trabalha no Departamento de Imprensa e Propaganda, onde dirige a revista *Travel in Brazil*. Nomeada professora de literatura luso-brasileira e mais tarde técnica e crítica literária da recém-criada Universidade do Distrito Federal, na qual permanece até 1938.

1937

Publica o livro infantojuvenil *A festa das letras*, em parceria com Josué de Castro.

1938

Publica o livro didático *Rute e Alberto resolveram ser turistas*. Conquista o prêmio Olavo Bilac de poesia da Academia Brasileira de Letras com o inédito *Viagem*.

1939

Em Lisboa, publica *Viagem*, quando adota o sobrenome literário Meireles, sem o *l* dobrado.

1940

Leciona Literatura e Cultura Brasileiras na Universidade do Texas, Estados Unidos. Profere no México conferências sobre literatura, folclore e educação.
Casa-se com o agrônomo Heitor Vinicius da Silveira Grillo.

1941

Começa a escrever crônicas para *A Manhã*, do Rio de Janeiro.

1942

Publica *Vaga música*.

1944

Publica a antologia *Poetas novos de Portugal*. Viaja para o Uruguai e a Argentina. Começa a escrever crônicas para a *Folha Carioca* e o *Correio Paulistano*.

1945

Publica *Mar absoluto e outros poemas* e, em Boston, o livro didático *Rute e Alberto*.

1947

Publica em Montevidéu *Antologia poética (1923--1945)*.

1948

Publica em Portugal *Evocação lírica de Lisboa*. Passa a colaborar com a Comissão Nacional do Folclore.

1949

Publica *Retrato natural* e a biografia *Rui: pequena história de uma grande vida*. Começa a escrever crônicas para a *Folha da Manhã*, de São Paulo.

1951

Publica *Amor em Leonoreta*, em edição fora de comércio, e o livro de ensaios *Problemas da literatura infantil*.
Secretaria o Primeiro Congresso Nacional de Folclore.

1952

Publica *Doze noturnos da Holanda & O Aeronauta* e o ensaio "Artes populares" no volume em coautoria *As artes plásticas no Brasil*. Recebe o Grau de Oficial da Ordem do Mérito, no Chile.

1953

Publica *Romanceiro da Inconfidência* e, em Haia, *Poèmes*. Começa a escrever para o suplemento literário do *Diário de Notícias*, do Rio de Janeiro, e para *O Estado de S. Paulo*.

1953-1954

Viaja para a Europa, Açores, Goa e Índia, onde recebe o título de Doutora *Honoris Causa* da Universidade de Delhi.

1955

Publica *Pequeno oratório de Santa Clara, Pistoia, cemitério militar brasileiro* e *Espelho cego*, em edições fora de comércio, e, em Portugal, o ensaio *Panorama folclórico dos Açores: especialmente da Ilha de S. Miguel*.

1956

Publica *Canções* e *Giroflê, giroflá*.

1957

Publica *Romance de Santa Cecília* e *A rosa*, em edições fora de comércio, e o ensaio *A Bíblia na poesia brasileira*. Viaja para Porto Rico.

1958

Publica *Obra poética* (poesia reunida). Viaja para Israel, Grécia e Itália.

1959

Publica *Eternidade de Israel*.

1960

Publica *Metal rosicler*.

1961

Publica *Poemas escritos na Índia* e, em Nova Delhi, *Tagore and Brazil*. Começa a escrever crônicas para o programa *Quadrante*, da Rádio Ministério da Educação e Cultura.

1962

Publica a antologia *Poesia de Israel*.

1963

Publica *Solombra* e *Antologia poética*. Começa a escrever crônicas para o programa *Vozes da cidade*, da Rádio Roquette Pinto, e para a *Folha de S.Paulo*.

1964

Publica o livro infantojuvenil *Ou isto ou aquilo*, com ilustrações de Maria Bonomi, e o livro de crônicas

Escolha o seu sonho.
Falece a 9 de novembro, no Rio de Janeiro.

1965

Conquista, postumamente, o Prêmio Machado de Assis da Academia Brasileira de Letras, pelo conjunto de sua obra.

Bibliografia básica sobre Cecília Meireles

ANDRADE, Mário de. Cecília e a poesia. In: _____. *O empalhador de passarinho*. São Paulo: Martins, [1946].

_____. Viagem. In: _____. *O empalhador de passarinho*. São Paulo: Martins, [1946].

AZEVEDO FILHO, Leodegário A. de (Org.). Cecília Meireles. In: _____. (Org.). *Poetas do modernismo*: antologia crítica. Brasília: Instituto Nacional do Livro, 1972. v. 4.

_____. *Poesia e estilo de Cecília Meireles*: a pastora de nuvens. Rio de Janeiro: José Olympio, 1970.

_____. *Três poetas de Festa*: Tasso, Murillo e Cecília. Rio de Janeiro: Padrão, 1980.

BANDEIRA, Manuel. *Apresentação da poesia brasileira*. São Paulo: Cosac Naify, 2009.

BERABA, Ana Luiza. *América aracnídea*: teias culturais interamericanas. Rio de Janeiro: Civilização Brasileira, 2008.

BLOCH, Pedro. Cecília Meireles. *Entrevista*: vida, pensamento e obra de grandes vultos da cultura brasileira. Rio de Janeiro: Bloch, 1989.

BONAPACE, Adolphina Portella. *O Romanceiro da Inconfidência*: meditação sobre o destino do homem. Rio de Janeiro: Livraria São José, 1974.

BOSI, Alfredo. Em torno da poesia de Cecília Meireles. In: _____. *Céu, inferno*: ensaios de crítica literária e ideológica. São Paulo: Duas Cidades/Editora 34, 2003.

BRITO, Mário da Silva. Cecília Meireles. In: _____. *Poesia do Modernismo*. Rio de Janeiro: Civilização Brasileira, 1968.

CACCESE, Neusa Pinsard. *Festa*: contribuição para o estudo do Modernismo. São Paulo: Instituto de Estudos Brasileiros, 1971.

CANDIDO, Antonio; CASTELLO, José Aderaldo (Orgs.). Cecília Meireles. *Presença da literatura brasileira 3*: Modernismo. 2. ed. São Paulo: Difusão Europeia do Livro, 1967.

CARPEAUX, Otto Maria. Poesia intemporal. In: _____. *Ensaios reunidos*: 1942-1978. Rio de Janeiro: UniverCidade/Topbooks, 1999.

CASTELLO, José Aderaldo. O Grupo Festa. In: _____. *A literatura brasileira*: origens e unidade. São Paulo: EDUSP, 1999. v. 2.

CASTRO, Marcos de. Bandeira, Drummond, Cecília, os contemporâneos. In: _____. *Caminho para a leitura*. Rio de Janeiro: Record, 2005.

CAVALIERI, Ruth Villela. *Cecília Meireles*: o ser e o tempo na imagem refletida. Rio de Janeiro: Achiamé, 1984.

COELHO, Nelly Novaes. Cecília Meireles. In: _____. *Dicionário crítico da literatura infantil e juvenil brasileira*. São Paulo: Nacional, 2006.

_____. Cecília Meireles. In: _____. *Dicionário crítico de escritoras brasileiras*: 1711-2001. São Paulo: Escrituras, 2002.

_____. O "eterno instante" na poesia de Cecília Meireles. In: _____. *Tempo, solidão e morte*. São Paulo: Conselho Estadual de Cultura/Comissão e Literatura, 1964.

_____. O eterno instante na poesia de Cecília Meireles. In: _____. *A literatura feminina no Brasil contemporâneo*. São Paulo: Siciliano, 1993.

CORREIA, Roberto Alvim. Cecília Meireles. In: _____. *Anteu e a crítica*: ensaios literários. Rio de Janeiro: José Olympio, 1948.

DAMASCENO, Darcy. *Cecília Meireles*: o mundo contemplado. Rio de Janeiro: Orfeu, 1967.

_____. *De Gregório a Cecília*. Organização de Antonio Carlos Secchin e Iracilda Damasceno. Rio de Janeiro: Galo Branco, 2007.

DANTAS, José Maria de Souza. *A consciência poética de uma viagem sem fim*: a poética de Cecília Meireles. Rio de Janeiro: Eu & Você, 1984.

FAUSTINO, Mário. O livro por dentro. In: _____. *De Anchieta aos concretos*. Organização de Maria Eugênia Boaventura. São Paulo: Companhia das Letras, 2003.

FONTELES, Graça Roriz. *Cecília Meireles*: lirismo e religiosidade. São Paulo: Scortecci, 2010.

GARCIA, Othon M. Exercício de numerologia poética: paridade numérica e geometria do sonho em um poema de Cecília Meireles. In: _____. *Esfinge clara e outros enigmas*: ensaios estilísticos. 2. ed. Rio de Janeiro: Topbooks, 1996.

GENS, Rosa (Org.). *Cecília Meireles*: o desenho da vida. Rio de Janeiro: Setor Cultural/Núcleo Interdisciplinar de Estudos da Mulher na Literatura/UFRJ, 2002.

GOLDSTEIN, Norma Seltzer. *Roteiro de leitura*: *Romanceiro da Inconfidência* de Cecília Meireles. São Paulo: Ática, 1988.

GOUVÊA, Leila V. B. *Cecília em Portugal*: ensaio biográfico sobre a presença de Cecília Meireles na terra de Camões, Antero e Pessoa. São Paulo: Iluminuras, 2001.

_____ (Org.). *Ensaios sobre Cecília Meireles*. São Paulo: Humanitas/FAPESP, 2007.

_____. *Pensamento e "lirismo puro" na poesia de Cecília Meireles*. São Paulo: EDUSP, 2008.

GOUVEIA, Margarida Maia. *Cecília Meireles*: uma poética do "eterno instante". Lisboa: Imprensa Nacional/Casa da Moeda, 2002.

_____. *Vitorino Nemésio e Cecília Meireles*: a ilha ancestral. Porto: Fundação Engenheiro António de Almeida; Ponta Delgada: Casa dos Açores do Norte, 2001.

HANSEN, João Adolfo. Solombra *ou A sombra que cai sobre o eu*. São Paulo: Hedra, 2005.

LAMEGO, Valéria. *A farpa na lira*: Cecília Meireles na Revolução de 30. Rio de Janeiro: Record, 1996.

LINHARES, Temístocles. Revisão de Cecília Meireles. In: _____. *Diálogos sobre a poesia brasileira*. São Paulo: Melhoramentos, 1976.

LÔBO, Yolanda. *Cecília Meireles*. Recife: Massangana/ Fundação Joaquim Nabuco, 2010.

MALEVAL, Maria do Amparo Tavares. Cecília Meireles. In: _____. *Poesia medieval no Brasil*. Rio de Janeiro: Ágora da Ilha, 2002.

MANNA, Lúcia Helena Sgaraglia. *Pelas trilhas do* Romanceiro da Inconfidência. Niterói: EDUFF, 1985.

MARTINS, Wilson. Lutas literárias (?). In: _____. *O ano literário*: 2002-2003. Rio de Janeiro: Topbooks, 2007.

MELLO, Ana Maria Lisboa de (Org.). *A poesia metafísica no Brasil*: percursos e modulações. Porto Alegre: Libretos, 2009.

_____ (Org.). *Cecília Meireles & Murilo Mendes (1901--2001)*. Porto Alegre: Uniprom, 2002.

_____; UTÉZA, Francis. *Oriente e ocidente na poesia de Cecília Meireles*. Porto Alegre: Libretos, 2006.

MILLIET, Sérgio. *Panorama da moderna poesia brasileira*. Rio de Janeiro: Ministério da Educação e Saúde/ Serviço de Documentação, 1952.

MOISÉS, Massaud. Cecília Meireles. In: _____. *História da literatura brasileira*: Modernismo. São Paulo: Cultrix, 1989.

MONTEIRO, Adolfo Casais. Cecília Meireles. In: _____. *Figuras e problemas da literatura brasileira contemporânea*. São Paulo: Instituto de Estudos Brasileiros, 1972.

MORAES, Vinicius de. Suave amiga. In: _____. *Para uma menina com uma flor*. Rio de Janeiro: Editora do Autor, 1966.

MOREIRA, Maria Edinara Leão. *Estética e transcendência em O estudante empírico, de Cecília Meireles*. Passo Fundo: Editora da Universidade de Passo Fundo, 2007.

MURICY, Andrade. Cecília Meireles. In: _____. *A nova literatura brasileira*: crítica e antologia. Porto Alegre: Globo, 1936.

_____. Cecília Meireles. In: _____. *Panorama do movimento simbolista brasileiro*. 2. ed. Brasília: Conselho Federal de Cultura/Instituto Nacional do Livro, 1973. v. 2.

NEJAR, Carlos. Cecília Meireles: da fidência à Inconfidência Mineira, do *Metal rosicler* à *Solombra*. In: _____. *História da literatura brasileira*: da carta de Caminha aos contemporâneos. São Paulo: Leya, 2011.

NEMÉSIO, Vitorino. A poesia de Cecília Meireles. In: _____. *Conhecimento de poesia*. Salvador: Progresso, 1958.

NEVES, Margarida de Souza; LÔBO, Yolanda Lima; MIGNOT, Ana Chrystina Venancio (Org.). *Cecília Meireles*: a poética da educação. Rio de Janeiro: Pontifícia Universidade Católica; São Paulo: Loyola, 2001.

OLIVEIRA, Ana Maria Domingues de. *Estudo crítico da bibliografia sobre Cecília Meireles*. São Paulo: Humanitas/USP, 2001.

PAES, José Paulo. Poesia nas alturas. In: _____. *Os perigos da poesia e outros ensaios*. Rio de Janeiro: Topbooks, 1997.

PARAENSE, Sílvia. *Cecília Meireles*: mito e poesia. Santa Maria: UFSM, 1999.

PEREZ, Renard. Cecília Meireles. In: _____. *Escritores brasileiros contemporâneos – 2ª série*: 22 biografias, seguidas de antologia. 2. ed. revista e atualizada. Rio de Janeiro: Civilização Brasileira, 1971.

PICCHIO, Luciana Stegagno. A poesia atemporal de Cecília Meireles, "pastora das nuvens". In: _____. *História da literatura brasileira*. Rio de Janeiro: Nova Aguilar, 1997.

PÓLVORA, Hélio. Caminhos da poesia: Cecília. In: _____. *Graciliano, Machado, Drummond & outros*. Rio de Janeiro: Francisco Alves, 1975.

RAMOS, Péricles Eugênio da Silva. *Solombra*. In: _____. *Do Barroco ao Modernismo*: estudos de poesia brasileira. 2. ed. revista e aumentada. Rio de Janeiro: Livros Técnicos e Científicos, 1979.

RICARDO, Cassiano. *A Academia e a poesia moderna*. São Paulo: Revista dos Tribunais, 1939.

RÓNAI, Paulo. O conceito de beleza em *Mar absoluto*. In: _____. *Encontros com o Brasil*. 2. ed. Rio de Janeiro: Batel, 2009.

_____. Uma impressão sobre a poesia de Cecília Meireles. In: _____. *Encontros com o Brasil*. 2. ed. Rio de Janeiro: Batel, 2009.

SADLIER, Darlene J. *Cecília Meireles & João Alphonsus*. Brasília: André Quicé, 1984.

_____. *Imagery and Theme in the Poetry of Cecília Meireles*: a study of *Mar absoluto*. Madrid: José Porrúa Turanzas, 1983.

SECCHIN, Antonio Carlos. Cecília: a incessante canção. In: _____. *Escritos sobre poesia & alguma ficção*. Rio de Janeiro: EdUERJ, 2003.

_____. Cecília Meireles e os *Poemas escritos na Índia*. In: _____. *Memórias de um leitor de poesia & outros ensaios*. Rio de Janeiro: Topbooks/Academia Brasileira de Letras, 2010.

_____. O enigma Cecília Meireles. In: _____. *Memórias de um leitor de poesia & outros ensaios*. Rio de Janeiro: Topbooks/Academia Brasileira de Letras, 2010.

SIMÕES, João Gaspar. Cecília Meireles: *Metal rosicler*. In: _____. *Crítica II*: poetas contemporâneos (1946-1961). Lisboa: Delfos, s/d.

VERISSIMO, Erico. Entre Deus e os oprimidos. In: _____. *Breve história da literatura brasileira*. São Paulo: Globo, 1995.

VILLAÇA, Antonio Carlos. Cecília Meireles: a eternidade entre os dedos. In: _____. *Tema e voltas*. Rio de Janeiro: Hachette, 1975.

YUNES, Eliana; BINGEMER, Maria Clara L. (Org.). *Murilo, Cecília e Drummond*: 100 anos com Deus na poesia brasileira. Rio de Janeiro: Pontifícia Universidade Católica; São Paulo: Loyola, 2004.

ZAGURY, Eliane. *Cecília Meireles*. Petrópolis: Vozes, 1973.

Índice de primeiros versos

A terceira vez que Zósimo veio pelo deserto 95

Cantara ao longe Francisco, ...31

Do pano mais velho usava. 41

E a noite inteira, baixinho, ...47

E Maria foi para a Terra Santa, ...83

E Maria levou uns cinquenta anos sozinha 87

Era de família patrícia, ...55

Escutai, nobres fidalgos: 35

Fechai os olhos, donzelas, ...29

Já partiram cavaleiros 37

Já quarenta anos passaram: 45

Já seus olhos se fecharam. 51

Maria do Egito, Maria, ...69

Parou um barco em Alexandria, ...79

Pela segunda vez Zósimo passava 91

Por um santo que encontrara, ...49

Um dia, veio o Anticristo, ...43

Uma voz cantava ao longe 27

Voltaram os cavaleiros, ...39

Voz luminosa da noite, ...33

Zósimo passava 89

Conheça outros títulos de
Cecília Meireles pela Global Editora:

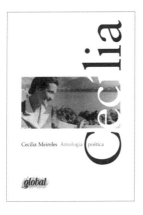

Antologia poética

Nesta *Antologia poética*, podemos apreciar passagens consagradas da encantadora rota lírica de Cecília Meireles. Escolhidos pela própria autora, os poemas aqui reunidos nos levam a vislumbrar diferentes fases de sua vasta obra. Pode-se dizer, sem sombra de dúvidas, que o livro é uma oportunidade ímpar para se ter uma límpida visão do primor de seus versos. Cecília, por meio de uma erudição invejável, cria composições com temas como amor e saudade, que se revestem de uma força tenazmente única.

Nesta seleção de sua obra poética, Cecília elenca versos de outros livros fundamentais, como *Viagem, Vaga música, Mar absoluto e outros poemas, Retrato natural, Amor em Leonoreta, Doze noturnos da Holanda, O Aeronauta, Pequeno oratório de Santa Clara, Canções, Metal rosicler* e *Poemas escritos na Índia*. Como não poderia deixar de ser, a antologia também traz excertos centrais de seu *Romanceiro da Inconfidência*, livro essencial da literatura brasileira.

De posse do roteiro seguro que é esta antologia de poemas de Cecília Meireles, o leitor apreciará as sensibilidades de uma das maiores timoneiras do verso em língua portuguesa.

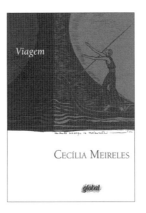

Viagem

Viagem representa um momento de ruptura e renovação na obra poética de Cecília Meireles. Até então, sua poesia ainda estava ligada ao neossimbolismo e a uma expressão mais conservadora. O novo livro trouxe a libertação, representando a plena conscientização da artista, que pôde a partir de então afirmar a sua voz personalíssima: "Um poeta é sempre irmão do vento e da água:/ deixa seu ritmo por onde passa", mesmo que esses locais de passagem existam apenas em sua mente.

Encontro consigo mesma, revelação e descoberta, sentimento de libertação, desvio pelas rotas dos sonhos, essa *Viagem* se consolida numa série de poemas de beleza intensa que, por vezes, tocam os limites da música abstrata.

Estou diante daquela porta
que não sei mais se ainda existe...
Estou longe e fora das horas,
sem saber em que consiste
nem o que vai nem o que volta...
sem estar alegre nem triste.

GRÁFICA PAYM
Tel. (11) 4392-3344
paym@terra.com.br